SAINT JOSEPH

La collection CHRIS†IC rassemble des figures incontournables du christianisme à travers un choix de textes destinés à tous ceux qui souhaitent vivre intensément leur spiritualité.

Dans la même collection

Sainte Rita, à genoux, je vous implore, venez à mon secours, BoD, 2021.

Prochaines publications

Sainte Thérèse.
Saint Antoine.

Textes recueillis par
Adelaïde Joseph

SAINT JOSEPH

GÉNÉREUX PÈRE, CHOISI PAR DIEU, VEILLEZ SUR MOI !

Les prières, les neuvaines, les litanies les plus puissantes pour une protection quotidienne...

CHRIS✝IC

© 2021 Adelaïde Joseph - CHRISTIC

ISBN : 9782322402595

Édition : BoD – Books on Demand,
12/14 rond-point des Champs-Élysées, 75008 Paris.
Impression : BoD - Books on Demand,
Norderstedt, Allemagne.

Dépôt légal : Novembre 2021

BIOGRAPHIE DE SAINT JOSEPH

SA NAISSANCE

Proposer une biographie de Saint Joseph est un exercice périlleux, car seuls quelques versets de la Bible nous parlent de lui, nous décrivent comment Dieu l'invite et le conduit dans cette destinée d'exception.

Cela étant dit, Joseph naquit à Bethléem, son père se nommait Jacob et l'on estime qu'il devait être le troisième de ses six frères. C'est un des lointains descendants d'Abraham et du roi David. Il était charpentier et habitait Nazareth en Galilée : « *Celui-là n'est-il pas le fils du charpentier ? N'a-t-il pas pour mère la nommée Marie, et pour frères Jacques, Joseph, Simon et Jude ?* » (Matthieu 13,55)

Selon ce que nous a transmis la tradition, Joseph est un homme silencieux, un humble travailleur, au tempérament dévoué, bouillonnant d'énergie et qui possède bien des talents. Dieu l'a d'ailleurs choisi pour devenir le père de son fils et ce n'est donc pas sans raison.

ÉPOUX DE MARIE

Veuf et père de famille, il se fiance à la très jeune Marie, dévouée au temple. Celle-ci va cependant continuer à demeurer dans sa famille à Nazareth pour une durée d'un an, selon la tradition hébraïque. C'est là d'ailleurs qu'elle reçoit un jour la visite de l'Archange Gabriel, qui lui annonce son nouveau statut de mère du Fils de Dieu, et lui explique qu'elle portera un enfant en son sein tout en restant vierge : « *L'ange lui dit : "Ne crains point, Marie ; car tu as trouvé grâce devant Dieu. Et voici, tu deviendras enceinte, et tu enfanteras un fils, et tu lui donneras le nom de Jésus."* » (Luc 1,31) Marie répond alors : « *Voici la servante du Seigneur ; que tout se passe pour moi selon ta parole.* »

La révélation du projet de Dieu bouleverse Marie. Mais elle bouleverse aussi Joseph, son fiancé. Très inquiet et surpris de cet aveu, il pense d'abord à se séparer d'elle en secret car la loi prévoit la mort par lapidation, en cas d'adultère. Mais un ange lui apparaît bientôt en songe, portant le dessein de Dieu : « *Un ange du Seigneur lui apparut en songe, et dit : "Joseph, fils de David, ne crains pas de prendre avec toi Marie, ta femme, car l'enfant qu'elle a conçu vient du Saint Esprit..."* » (Matthieu 1,18-25)

Tous ses soupçons et ses doutes disparaissent alors. Ce messager céleste lui inspire le choix le plus juste, prendre Marie pour épouse et plus tard, accepter son enfant et veiller sur lui.

LE PÈRE NOURRICIER DE JÉSUS

Joseph apparaît dans l'histoire de la Bible et celle de l'Église comme « le grand silencieux ». Dès lors, si nous avons la possibilité d'accéder à l'âme de la Vierge Marie à travers ses quelques phrases retenues au sein des évangiles, ce n'est pas du tout le cas pour Joseph, car aucune parole de lui n'y figure.

Cependant, il n'y a aucun doute sur le fait qu'il a aimé Jésus avec toute la tendresse qu'un père a pour son propre fils. Il a pris soin de lui, dès sa naissance, comme un père de famille. Il a fait tout ce qu'il pouvait pour le protéger et subvenir à ses besoins.

Le rôle de Joseph ici est très important. En acceptant de le reconnaître comme son fils, il l'a fait entrer dans la famille du roi David, dont il est lui-même le descendant, car il est le Messie annoncé par les prophètes : « *Jacob engendra Joseph, l'époux de Marie, de laquelle est né Jésus, qui est appelé Christ.* » (Matthieu 1,16).

Ainsi, il relie Jésus à l'Ancien Testament.

Un homme juste et laïc

Joseph, nous dit l'évangile, est un homme juste : « *Joseph, son époux, qui était un homme juste...* » (Matthieu 1,19). Dans la Bible, la justice équivaut à la sainteté. Joseph est juste, non seulement parce qu'il travaille activement dans son atelier comme charpentier, mais aussi parce qu'il accorde sa volonté à celle de Dieu, en prenant même le risque de ne pas se soumettre à la loi de Moïse en ne répudiant pas Marie quand elle lui annonce être enceinte.

Joseph est également un laïc dans le sens fort du terme. Il n'a aucune fonction officielle, il ressemble à tous les autres hommes, au prise avec une réalité quotidienne difficile, qui est celle du travail et de la pauvreté.

À travers sa destinée, Joseph nous apprend comment offrir au Christ une vie simple, entièrement dévouée à lui.

Son exemple nous invite à comprendre que c'est en se livrant pleinement à la volonté de Dieu, qui souhaite réunir les hommes en une seule famille, une seule assemblée, que nous devenons un bon serviteur du dessein de celui-ci.

Une mort non datée

Joseph est mentionné pour la dernière fois lors du pèlerinage familial à Jérusalem lorsque Jésus, âgé de douze ans, est retrouvé au Temple : « *En le voyant, ses parents furent frappés d'étonnement, et sa mère lui dit : "Mon enfant, pourquoi nous as-tu fait cela ? Vois comme ton père et moi, nous avons souffert en te cherchant !"* » (Luc 2,41-50).

La tradition chrétienne en a donc déduit qu'il était mort avant que Jésus n'entre dans la vie publique.

Le grand saint du quotidien

Saint Joseph peut être présenté comme le saint de notre quotidien, à qui l'on a recours pour des préoccupations ou des inquiétudes, comme lors de moments déterminants de notre existence.

Ainsi, saint frère André, religieux québécois né en 1845, lui vouait une dévotion particulière. Auteur de nombreuses guérisons inexplicables, il les attribuait toutes à saint Joseph qu'il priait tous les jours. Il fit d'ailleurs construire à Montréal l'oratoire Saint-Joseph, une imposante basilique qui lui est dédiée, et où des milliers de pèlerins se rendent toujours chaque année.

Quant au pape François, il a consacré l'année 2021 à la découverte de saint Joseph, en vertu de son humilité, de sa discrétion, de sa confiance, qui font de lui un appui fraternel, un recours paternel et un soutien spirituel.

Quand prier saint Joseph

Saint Joseph est dès lors invoqué sous de nombreuses appellations : gardien des cœurs purs, espérance des malades, consolateur dans la souffrance, patron des personnes mourantes.

On le retrouve également comme modèle dans le travail, protecteur de l'Église, soutien des familles et terreur des démons.

Au calendrier liturgique, saint Joseph est fêté :
- Le 19 mars à titre d'époux de la Vierge Marie et de patron du Canada.
- Le 1er mai comme le patron des travailleurs.

Pourquoi prier saint Joseph ?

Saint Joseph n'est pas un saint comme les autres. Dieu lui a demandé de veiller sur ses deux plus grands trésors, Jésus et Marie. Il est aussi le saint patron de l'Église universelle depuis le 8 décembre 1870 : « *De tous les saints, il est le plus élevé au ciel, après Jésus et Marie* » (Léon XIII). Son intercession est puissante.

On peut tout demander à saint Joseph !

- les demandes matérielles : la recherche ou la vente d'un appartement, d'une voiture…
- les difficultés sociales : la recherche d'un emploi…
- les questions familiales : la recherche de l'âme sœur, ou le désir d'un enfant…

CHRISTIC

PRIÈRES

Prière de sainte Thérèse à saint Joseph

pour la paix et la tranquilité

Dieu tout-puissant et très miséricordieux, qui avez donné pour époux à la Vierge Marie, votre très sainte Mère, l'homme juste, le bienheureux Joseph, fils de David, et l'avez choisi pour votre père nourricier, accordez à votre Église, par les prières et les mérites de ce grand Saint, la paix et la tranquillité, et faites-nous la grâce de jouir, un jour, du bonheur de le voir éternellement dans le ciel, vous qui, étant Dieu, vivez et régnez avec Dieu le Père, en l'unité du Saint-Esprit, dans les siècles des siècles.

Ainsi soit-il !

Prière de saint Bernardin de Sienne à saint Joseph

Souvenez-vous de nous, bienheureux Joseph, et intercédez par le suffrage de votre prière auprès de votre fils putatif ; mais rendez-nous aussi favorable la très bienheureuse Vierge, votre épouse, qui est la Mère de Celui qui vit et règne avec le Père et le Saint-Esprit dans les siècles des siècles.

Ainsi soit-il !

Prière de saint François de Sales pour un cas difficile

Glorieux saint Joseph, époux de Marie, accordez-nous votre protection paternelle, nous vous en supplions par le Cœur de Jésus-Christ.

Ô vous dont la puissance s'étend à toutes nos nécessités et sait nous rendre possible les choses les plus impossibles, ouvrez vos yeux de père sur les intérêts de vos enfants.

Dans l'embarras et la peine qui nous pressent, nous recourons à vous avec confiance.

Daignez prendre sous votre charitable conduite cette affaire importante et difficile, cause de notre inquiétude.

Faites que son heureuse issue soit pour la gloire de Dieu et contribue au bien de ceux qui veulent le servir fidèlement.

Ainsi soit-il !

Prière de Jean Paul II à saint Joseph faite à l'Oratoire de Saint-Joseph du Mont-Royal au Canada

Saint Joseph, avec toi, pour toi, nous bénissons le Seigneur. Il t'a choisi entre tous les hommes pour être le chaste époux de Marie, celui qui se tient au seuil du mystère de sa maternité divine, et qui, après elle, l'accueille dans la foi comme l'œuvre du Saint-Esprit. Tu as donné à Jésus une paternité légale en lien avec la lignée de David. Tu as constamment veillé sur la Mère et l'Enfant avec une sollicitude affectueuse, pour assurer leur vie et leur permettre d'accomplir leur destinée. Le Sauveur Jésus a daigné se soumettre à toi comme à un père, durant son enfance et son adolescence, et recevoir de toi l'apprentissage de la vie humaine, pendant que tu partageais sa vie dans l'adoration de son mystère. Tu demeures auprès de lui. Continue à protéger toute l'Église, la famille qui est née du salut de Jésus. Protège spécialement ce peuple canadien qui s'est placé sous ton patronage.

Aide-le à s'approcher à son tour du mystère du Christ dans les dispositions de la foi, de soumission et d'amour qui ont été les tiennes. Regarde les besoins spirituels et matériels de ceux qui recourent à ton intercession, en particulier des familles et des pauvres de toutes pauvretés ; par toi, ils sont sûrs de rejoindre le regard maternel de Marie et la main de Jésus qui les secourt.

AMEN

Prière de Léon XIII à saint Joseph protecteur de l'Église universelle

Ô bienheureux Joseph, nous recourons à vous dans notre tribulation et, après avoir imploré le secours de votre très sainte Épouse, nous sollicitons aussi, avec confiance, votre patronage.

Au nom de l'affection qui vous a uni à la Vierge immaculée, Mère de Dieu, au nom de l'amour paternel dont vous avez entouré l'Enfant Jésus, nous vous supplions de jeter un regard favorable sur l'héritage que Jésus-Christ a conquis au prix de son sang, et de nous assister de votre puissance et de votre secours, dans tous nos besoins.

Protégez, ô très sage gardien de la Sainte Famille, le peuple élu de Jésus-Christ.

Préservez-nous, ô Père très aimant, de toute contagion de la corruption et de l'erreur.

Soyez-nous favorable, ô notre très puissant libérateur.

Du haut du ciel, assistez-nous dans le combat que nous livrons à la puissance des ténèbres.

Et de même que vous avez arraché autrefois l'Enfant Jésus du péril de la mort, délivrez aujourd'hui la sainte Église de Dieu des embûches de l'ennemi et de toute adversité.

Couvrez chacun de nous de votre perpétuelle protection afin que, à votre exemple et soutenus par votre secours, nous puissions vivre saintement, mourir chrétiennement et obtenir ainsi la béatitude éternelle.

AMEN

Prière de saint Pie X à saint Joseph modèle des travailleurs

Glorieux saint Joseph, modèle de tous ceux qui sont voués au travail, obtenez-moi la grâce de : travailler en esprit de pénitence pour l'expiation de mes nombreux péchés, travailler en conscience, mettant le sens du devoir au-dessus de mes inclinations travailler avec reconnaissance et joie, regardant comme un honneur d'employer et de développer par le travail les dons reçus de Dieu, travailler avec ordre, paix modération et patience, sans jamais reculer devant la lassitude et les difficultés travailler surtout avec pureté d'intention et avec détachement de moi-même, ayant sans cesse devant les yeux la mort et le compte que je devrai rendre du temps perdu, des talents inutilisés, du bien omis et des vaines complaisances dans le succès, si opposées à l'œuvre de Dieu.
Tout pour Jésus, tout pour Marie, telle est ma devise…

Amen

Prière de Saint Jean Eudes à saint Joseph

pour une union inviolable et éternelle

Béni soyez-vous, ô très aimable cœur de Marie, pour toutes les affections que vous avez pour ce grand saint ! Béni soit à jamais votre noble cœur, ô saint Joseph, pour tout l'amour qu'il a porté et portera éternellement à Jésus et à Marie, pour tous les soins qu'il a eu pour pourvoir aux besoins du Fils et de la Mère et pour toutes les douleurs et angoisses qu'il a souffertes en vue de leurs souffrances et des mépris et mauvais traitements qu'il leur a vu porter de la part des hommes ingrats ! Ô grand saint, nous vous offrons nos cœurs ; unissez-les avec le vôtre et avec celui de Jésus et de Marie, les priant de faire en sorte que cette union soit inviolable et éternelle.

Amen

Prière à saint Joseph
patron des causes difficiles

Ô vous que l'on a jamais invoqué en vain, vous qui êtes si puissant auprès de Dieu que l'on a pu dire « *au Ciel, Joseph commande plutôt qu'il ne supplie* », tendre père, priez Jésus pour nous.

Soyez notre avocat auprès de ce divin Fils dont vous avez été ici-bas le père nourricier et le protecteur fidèle.

Ajoutez à toutes vos gloires celle de gagner la cause difficile que nous vous confions.

Nous croyons que vous pouvez exaucer notre demande en nous délivrant des peines qui nous accablent.

Nous avons la ferme confiance que vous ne négligerez rien en faveur des affligés qui vous implorent.

Nous vous en supplions, ô bon Joseph, ayez pitié de nos larmes.

Couvrez-nous du manteau de vos miséricordes et bénissez-nous.

Amen

Prière pour obtenir la grâce de rester pur

Saint Joseph, père et protecteur des vierges, gardien fidèle à qui Dieu confia Jésus, l'Innocence même, et Marie, la Vierge des vierges, je vous en supplie, par Jésus et Marie, ce double trésor qui vous fut si cher, faites que préservé de toute souillure, pur d'esprit et de cœur, et chaste de corps, je serve constamment Jésus et Marie dans une pureté parfaite.

Amen

Prière de présentation de mes besoins à saint Joseph

Joseph, en compagnie de Jésus et Marie, tu as connu la faim, l'insécurité, la maladie. Ton cœur s'est tourné vers Dieu pour lui présenter tes besoins et ceux de ta famille. Dans la foi, tu as reconnu la réponse du Père dans le déroulement des événements. Assiste-moi, aujourd'hui, dans la présentation de ma prière auprès du Père.

Joseph, aide-moi à reconnaître la volonté de Dieu afin que j'ouvre mes mains pour accueillir ce que le Père m'accorde dans sa bienveillance. Dans sa prévenance, Dieu comble sa création de sa Vie et de son Amour.

Ouvre mes yeux aux merveilles qu'Il accomplit sans cesse. Aide-moi à trouver le sens véritable de ma demande afin que je découvre en moi l'enfant que Dieu a désiré.

Amen

Glorieux saint Joseph
pour une difficulté ou une inquiétude

Toi qui, obéissant à l'ange, a reçu la responsabilité de prendre chez toi la mère du Sauveur Jésus-Christ, donne-moi un cœur chaste et silencieux pour m'avancer sans crainte vers le Père éternel.

Apprends-moi les chemins de la Providence qui orientent toute ma vie vers l'amour de Dieu et du prochain.

Dans ta bienveillance, je te remets mon désir d'être disponible à l'Esprit Saint et de recevoir la fécondité que Dieu voudra bien m'accorder pour sa plus grande Gloire.

Pour être libre de tout souci, et chercher d'abord le Royaume de Dieu et sa justice, je te présente cette difficulté…. (*exprimer la grâce que l'on désire*).

Glorieux saint Joseph, époux de Marie, accorde-moi ta protection paternelle, je t'en supplie par le Cœur de Jésus-Christ.

Ô toi dont la puissance s'étend à toutes nos nécessités et sait nous rendre possibles les choses les plus impossibles, ouvre tes yeux de père sur les intérêts de tes enfants.

Dans l'embarras et la peine qui me pressent, je recoure à toi avec confiance, daigne prendre sous ta charitable conduite cette affaire importante et difficile, cause de toutes mes inquiétudes................ (*exprimer la grâce que l'on désire*). Fais que son heureuse issue tourne à la gloire de Dieu et au bien de ses dévoués serviteurs.

Ainsi soit-il !

JOSEPH, NOTRE MODÈLE DANS LE TRAVAIL

Bon saint Joseph, lorsque Dieu a voulu une famille pour son Fils, Il a posé son regard sur le milieu ouvrier, pour vous choisir avec Marie, montrant par-là son estime pour le travail humain.

Vous avez travaillé avec cœur et vous avez partagé votre atelier avec Jésus. Votre labeur, semblable à celui des autres humains, trouvait un nouveau sens dans ce climat de la présence de Dieu.

Soutenez-nous dans l'espoir de trouver du travail devant la désolation du chômage. Conseillez les responsables d'entreprises pour une répartition équitable des tâches dans le respect de notre personne, favorisant ainsi notre épanouissement et notre bonheur.

Aidez-nous à remplir notre tâche avec joie, diligence, justice et loyauté. Préparez notre cœur à reconnaître votre Fils dans la personne de nos camarades de travail.

AMEN

Prière à saint Joseph pour demander la grâce d'avoir un enfant

Saint Joseph, image de Dieu le Père, père de Dieu le Fils, époux de Marie, Mère de toute mère, vous qui avez porté dans vos bras Celui qui tient tout en sa main, obtenez-nous la grâce de participer au don de la vie, de sorte que nous puissions voir dans l'enfant qui nous sera accordé, un signe plus vivant de la présence de Dieu dans notre maison. Protégez notre amour, afin qu'il porte du fruit et que demain s'élève avec la nôtre, une autre voix pour louer Dieu, un autre cœur pour L'aimer, une autre vie pour rendre témoignage à sa bonté paternelle.

Par Jésus, Notre Seigneur.

Amen

Prière à saint Joseph pour le respect des époux

Saint Joseph, vous avez su honorer et aimer comme un époux la femme bénie entre toutes. Dieu a rempli votre cœur de l'affection la plus ardente et la plus pure envers elle.

Implorez pour tous les hommes un respect profond pour le sexe féminin, une attitude chevaleresque qui protège la dignité des femmes.

Implorez pour tous les époux une affection digne et fidèle envers leur épouse, le sens de cet amour chrétien qui respecte les valeurs éternelles, qui soigne non seulement le corps, mais l'âme, et qui sait conduire vers le bien suprême, la possession de Dieu.

Ainsi soit-il !

Prière à saint Joseph pour les pères de famille

Saint Joseph, Dieu le Père a rempli votre cœur d'une sagesse et d'une affection paternelle sans pareilles. Car elle devait vous rendre capable de remplir l'office d'un vrai père envers le Fils de Dieu.

Vous Lui avez cherché le premier refuge,
Vous Lui avez bâti une maison,
Vous L'avez sauvé de la main d'Hérode,
Vous L'avez emmené en Égypte,
Vous L'avez ramené en Israël,
Vous avez travaillé pour Lui,
Vous L'avez protégé, guidé, introduit dans votre métier de charpentier.

Qui saura décrire votre paternité ? Ayez pitié de tous les pères du monde, afin qu'ils voient le grand sens de la paternité et qu'ils apprennent à honorer et à aimer Jésus Lui-même dans leurs enfants.

Ainsi soit-il !

Saint Joseph, soutien des familles

Attentif Joseph, la Parole divine trouve en vous et Marie un milieu propice pour réaliser la volonté du Père; ainsi vous devenez la famille de l'Enfant-Dieu. Par la douceur d'habiter ensemble, vous faites l'expérience de l'Amour au quotidien. L'unité de vos cœurs façonne les apprentissages de la vie vers une croissance en sagesse et en grâce. Ouvrez nos cœurs à la Parole qui nous habite afin que nos actes témoignent de notre lien avec la famille de Dieu.

Soutenez notre engagement dans les liens affectifs, où le don et le pardon participent à la réalisation de notre identité. Enveloppez-nous de votre tendresse dans les gestes de chaque jour !

Amen

La prière de saint Bonaventure à saint Joseph contre les ennemies de l'âme

Délivrez-moi, ô Père nourricier du Seigneur des armées ; levez-Vous contre mes ennemis, qui osent persécuter votre serviteur. Vous êtes mon Refuge, mon Espérance, ma Force, ma Protection. Que votre Main soit toujours prête à me secourir et vos Oreilles attentives à mes prières.

Vous êtes une Forteresse imprenable pour ceux qui se confient en Vous et un Rempart qui défend leur honneur. Je Vous recommande toute ma vie, ô bienheureux Joseph, bénissez toutes mes actions, secourez-moi, et délivrez-moi dans toutes les tentations.

À mon heure dernière ne m'abandonnez pas. Et que, sous vos Auspices, je sois introduit, par votre Intercession, dans les Tabernacles éternels.

Ainsi soit-il !

Prière à saint Joseph pour demander la Grâce d'une bonne mort

Saint Joseph, père nourricier de Notre-Seigneur Jésus-Christ, père si riche en grâces, époux de la bienheureuse Vierge Marie, toute votre vie était sainte et juste, voilà pourquoi aucune crainte ne pouvait troubler, au moment de votre trépas, votre désir du ciel.

Saint Joseph, patron spécial des mourants, nous vous recommandons notre heure ultime d'ici-bas.

Quand notre âme devra sortir de ce monde, implorez pour nous, en union avec Marie, votre sainte épouse et notre Mère, la grâce de votre fils divin, afin que, munis d'une foi ferme, d'une espérance inébranlable et d'une charité ardente, nous puissions vaincre les tentations de l'ennemi malin et remettre notre âme dans la paix la plus douce, entre les mains du Père, après avoir reçu dignement jésus dans la très sainte Eucharistie.

Ainsi soit-il !

Saint Joseph, consolateur dans la souffrance

Compatissant Joseph, solidaire de notre condition humaine, avec Marie et Jésus, vous faites l'expérience de l'exil, de la faim, de la violence. Refusant la vengeance, vous choisissez la miséricorde. Votre pardon brise le cercle de la violence. À cause de votre bonté, Dieu garde espoir en notre humanité. Joie pour vous, car le Royaume de Dieu est votre héritage. Ouvrez nos mains consolatrices lors de guerre, de famine et d'exil. Éloignez de nous l'esprit de victime et que notre peine soit source d'épanouissement. Soutenez notre responsabilité de cultiver la paix, la joie et la sérénité intérieures.

Conseillez-nous de votre sagesse pour fermer toute porte à la rancune. Ainsi, sous le regard de Dieu, nous danserons de joie.

Amen

Prière infaillible à saint Joseph

Ô saint Joseph dont la protection est si grande, si forte et si prompte devant le trône de Dieu, je mets en toi tous mes intérêts et désirs.
Ô saint Joseph, assiste-moi par ta puissante intercession et obtiens pour moi de ton divin Fils toutes les bénédictions spirituelles par Jésus-Christ notre Seigneur, de telle manière qu'ayant engagé ici-bas ton pouvoir céleste, je puisse offrir mes remerciements et mon hommage au Père qui nous aime.

Ô saint Joseph, je ne me fatigue jamais de vous contempler toi et Jésus endormi dans tes bras ; je n'ose pas approcher pendant qu'Il se repose près de ton cœur. Embrasse-Le en mon nom et baise sa tête délicate pour moi et demande-lui de m'embrasser à son tour lors de mon dernier soupir.

Saint Joseph, patron des âmes du purgatoire, prie pour moi !

Amen

Prière à saint Joseph pour trouver un logement

Glorieux et bon saint Joseph,

Tu as connu toutes les tribulations pour trouver un logement pour Marie et Jésus. Souviens-toi de tes soucis pour eux, de tes démarches et des portes fermées que tu as trouvées alors que tu accompagnais l'Enfant Jésus sur les routes du recensement puis de l'exil et enfin du retour au pays.

Dans la précarité, tu as toujours veillé à ce que les conditions matérielles expriment ton amour et ta sollicitude, ta présence fidèle et ta protection envers Marie et Jésus.

Veille sur mes démarches pour trouver un logement, qu'elles se déroulent facilement et dans la clarté, en particulier veille sur mes relations avec les propriétaires et les conditions du bail.

Que cette nouvelle habitation soit un endroit accueillant, paisible, avec un bon voisinage et de bonnes relations entre tous.

Que tous ceux qui viendront chez moi (*chez nous*), soient accueillis par ta présence. Introduis en ce lieu l'amour de Jésus et de Marie.

AMEN

Prière à saint Joseph pour l'achat d'une maison ou d'un appartement

Glorieux saint Joseph,

Tu veillas avec tant d'amour sur Jésus et Marie afin qu'ils aient toujours un toit et avec eux tu as souffert de ne pas être accueilli ni logé à un moment où vous aviez besoin d'aide.

Tu as toujours eu confiance en la Providence du Père du Ciel qui t'a confié la Sainte Famille en sachant que tu veillerais sur eux en prenant tes responsabilités et en faisant tout ce qu'il y avait à faire.

Nous te confions toutes nos démarches pour trouver une maison ou un nouveau logement. Nous te confions d'avance les relations avec les personnes : qu'elles soient bienveillantes et que tout se déroule pour le bien des personnes et des âmes.

Merci d'avance pour ce lieu où tu seras le premier à nous accueillir avec Jésus et Marie.

À notre tour, nous voulons en faire un lieu béni où chacun se sente bien et où rayonnera la présence de la Sainte Famille.

Merci d'avance saint Joseph pour ton aide, nous voulons que tu sois honoré chez nous comme tu le fus par Marie et Jésus à Nazareth.

AMEN

Prière à saint Joseph pour la vente d'un bien immobilier
(maison, appartement...)

Glorieux saint Joseph,

Lorsque tu es parti précipitamment en Égypte, tu as dû confier à la Providence la demeure que tu quittais, le toit que tu avais préparé avec Marie pour l'Enfant Jésus. Nous te confions la vente de notre maison, pour le bien de tous ceux que nous aimons. Veille sur le bon déroulement des transactions et viens aussi bénir ceux qui vont l'acheter.

Amen

Prière du Matin à saint Joseph

Glorieux saint Joseph, tout-puissant sur les Cœurs de Jésus et de Marie, accordez-nous votre protection au seuil de cette journée, afin que, le soir venu, nous adressions d'une âme pure nos actions de grâces à la divine Majesté.

Souvenez-vous que vous avez été sur terre le chef de la Sainte Famille, obtenez du pain pour ceux qui ont faim, un toit pour ceux qui n'en ont pas, la paix et la prospérité pour ceux qui se réclament de vous.

Souvenez-vous aussi que vous êtes le Patron de l'Église catholique. Que par votre intercession notre Pape, nos cardinaux, nos évêques et tous ceux qui servent la cause de Pierre, bénéficient des grâces dont ils ont besoin dans l'accomplissement de leur mission.

Ainsi soit-il !

Prière à saint Joseph pour le mois du Rosaire

Nous recourons à vous dans nos tribulations, ô bienheureux Joseph, et après avoir imploré le secours de votre très sainte Épouse, nous sollicitons avec confiance votre protection.

Par l'affection qui vous a uni à la Vierge Immaculée, Mère de Dieu, par l'amour paternel dont vous avez entouré l'Enfant-Jésus, nous vous supplions de regarder avec bonté le peuple que Jésus-Christ s'est acquis au prix de son sang, et de nous assister de votre puissance et de votre secours dans nos besoins.

Protégez, ô très sage gardien de la Sainte Famille, la race élue de Jésus-Christ; préservez-nous, ô Père très aimant, de toute souillure d'erreur et de corruption; assistez-nous du haut du ciel, ô notre très puissant libérateur, dans notre combat contre le prince des ténèbres ;

Et de même que vous avez arraché autrefois l'Enfant-Jésus au péril de la mort, défendez aujourd'hui la Sainte Église de Dieu des pièges de l'ennemi et de toute adversité.

Accordez-nous votre perpétuelle protection, afin que, soutenus par votre exemple et par votre secours, nous puissions vivre saintement, pieusement mourir et obtenir la béatitude éternelle du ciel.

Ainsi soit-il !

Prière à saint Joseph en période d'épidémie

Saint Joseph, Homme juste par ta foi, tu as été trouvé digne de recevoir la garde des Mystères du Salut.

Toi qui as su prendre soin de la Vierge Marie, et écarter d'Elle tout danger, tu t'es fait protecteur du Christ-Seigneur dans la vulnérabilité de son Enfance.

Vivante image de la Tendresse de Dieu, modèle d'époux et de père, tu es le gardien vigilant de l'Église, le soutien et le consolateur des familles.

Nous te le demandons avec confiance : daigne implorer pour nous la Miséricorde de Dieu en ce temps d'épidémie que nous connaissons, afin que le Seigneur écarte de nous le mal.

Intercède pour ceux qui sont morts, réconforte les malades, protège et inspire ceux qui les soignent.

Accorde-nous de demeurer dans la confiance et la paix et fais que nos cœurs ne se ferment pas aux besoins de nos frères, mais demeurent ouverts à la détresse des hommes dans un amour de plus en plus sincère et fraternel.

Saint Joseph, prie pour nous, garde-nous, protège-nous.

Ainsi soit-il !

Prière du pape François à saint Joseph

À l'occasion de la proclamation de saint Joseph comme Patron de l'Église universelle

Salut, gardien du Rédempteur,
époux de la Vierge Marie.

À toi Dieu a confié son Fils ;
en toi Marie a remis sa confiance ;
avec toi le Christ est devenu homme.

O bienheureux Joseph,
montre-toi aussi un père pour nous,
et conduis-nous sur le chemin de la vie.

Obtiens-nous grâce, miséricorde et courage,
et défends-nous de tout mal.

Amen

Prière du Pape Pie IX
« Souvenez-vous ! »

Souvenez-vous, ô très chaste gardien de la Vierge Marie, ô notre aimable protecteur, saint Joseph, qu'on n'a jamais entendu dire que quelqu'un ait invoqué votre protection et demandé votre secours sans avoir été consolé.

Animé d'une pareille confiance, je viens à vous et me recommande à vous de toute la ferveur de mon âme.
Ne me rejetez pas ma prière, ô vous qui êtes appelé père du Rédempteur, mais daignez l'accueillir avec bonté.

Amen

Prière à Joseph, Marie, Jésus

Ô saint Patriarche Joseph ! Je me réjouis de votre bonheur et de votre élévation, vous qui avez été rendu digne de commander, comme père, à Celui auquel obéissent la terre et les cieux. Puisque vous avez été servi par Dieu, je veux, moi aussi, me mettre à votre service. Je veux vous servir dorénavant, vous honorer et vous aimer comme mon maître. Prenez-moi sous votre patronage, et ordonnez ce qu'il vous plaira, je sais d'avance que tout cela sera pour mon bien et pour la gloire de notre commun Rédempteur.

Saint Joseph, priez pour moi. Certainement Il ne vous refusera jamais rien, Celui qui, sur la terre, a obéi à tous vos ordres. Dites-Lui qu'Il me pardonne les offenses dont je me suis rendu coupable ; dites-Lui qu'Il me détache des créatures et de moi-même, qu'Il m'enflamme de son saint amour, et puis qu'Il fasse de moi tout ce qu'Il Lui plaira.

Et vous, ô Marie ! Au nom de l'amour que vous porta Joseph, accueillez-moi sous votre protection, et priez votre saint Époux de m'agréer pour serviteur.

Vous enfin, mon Jésus, qui, pour expier mes désobéissances, avez voulu vous humilier jusqu'à obéir à un homme, je Vous en supplie par les mérites de l'obéissance que vous avez pratiquée sur la terre à l'égard de saint Joseph, faites-moi la grâce d'obéir dorénavant à toutes Vos divines volontés, et au nom de l'amour que vous avez eu pour saint Joseph, et qu'il eut pour Vous, accordez-moi d'aimer toujours votre bonté infinie, Vous qui méritez qu'on Vous aime de tout son cœur. Oubliez mes outrages et prenez pitié de moi.

Je Vous aime, ô Jésus, mon amour ! Je Vous aime, ô mon Dieu ! et veux toujours Vous aimer.

Ainsi soit-il !

CHRIS✝IC

NEUVAINES

La neuvaine marque un rituel très fort : il s'agit d'un ensemble de 9 prières, à adresser à saint Joseph pendant 9 jours, sans omission. Vous pouvez accomplir cette démarche de façon personnelle, ou bien dans le cadre d'un pèlerinage. Vous renforcerez votre prière de neuvaine en laissant brûler pendant les 9 jours une bougie adaptée (bougie de neuvaine), ou bien en utilisant lors de chaque prière de l'encens de dévotion à saint Joseph.

Faire une neuvaine de prière, c'est réaliser un acte de foi et d'adoration envers Dieu. Pour être le plus complètement tourné vers Dieu, vous pouvez choisir un lieu où vous sentirez chaque jour au calme et en confiance afin de vous recueillir pleinement. Cela peut être chez vous, dans une église ou dans un autre endroit propice à la communion avec Dieu.

Faites chaque jour votre prière de neuvaine au même endroit et à la même heure, pour favoriser votre recueillement.

La date considérée comme la plus favorable pour réciter une neuvaine à saint Joseph est traditionnellement le mois de mars, le mois du père adoptif de Jésus de Nazareth.

Voici rassemblées ici pour vous deux belles neuvaines. La première d'entre elles est fréquemment dite à l'Oratoire Saint-Joseph, à Montréal, où le Frère André implorait les fidèles de la réciter pour obtenir la guérison.

- 1 -

Premier jour

Saint Joseph, mémoire du Père

À ton image, Saint Joseph, puissions-nous vivre nos vies dans l'écoute et le respect de tous ceux et celles que nous rencontrons. Aide-nous à nous recevoir comme fils et fille du Père.

Notre Père (1 fois)
Je vous salue Marie (1 fois)
Gloire au Père* (1 fois)

+ une prière quotidienne « *Je vous salue Joseph* »

Je vous salue Joseph, vous que la grâce divine a comblé, le Sauveur a reposé dans vos bras et grandi sous vos yeux ; vous êtes béni entre tous les hommes et Jésus, l'Enfant divin de votre virginale Épouse est béni. Saint Joseph, donné pour père au Fils de Dieu, priez pour nous dans nos soucis de famille, de santé et de travail, jusqu'à nos derniers jours, et daignez nous secourir à l'heure de notre mort. Amen.

---

* Pour rappel, vous trouverez page 105 et suivantes, toutes ces prières avec le « *Je crois en Dieu* ».

Deuxième jour

Saint Joseph, un guide pour l'homme d'aujourd'hui

Saint Joseph, tu peux être appelé le Saint de l'incarnation. Nous te demandons, saint Joseph, d'être et de demeurer pour nous un modèle d'homme et de père juste et responsable dont le monde d'aujourd'hui a besoin pour sauver nos familles tellement menacées.

Notre Père (1 fois)
Je vous salue Marie (1 fois)
Gloire au Père (1 fois)
Je te salue Joseph (1 fois)

Troisième jour

Saint Joseph et la maison familiale

Que nos maisons puissent accueillir Marie et l'Enfant-Jésus. Ne craignons pas d'accueillir la Sainte Famille à notre table. Saint Joseph, protecteur de la famille, aide-nous à comprendre le sens de la paternité véritable afin que les pères de familles retrouvent leur identité profonde.

Notre Père (1 fois)
Je vous salue Marie (1 fois)
Gloire au Père (1 fois)
Je te salue Joseph (1 fois)

Quatrième jour

Saint Joseph modèle d'incarnation

Saint Joseph, devant l'Annonciation tu te mets à l'école de l'acceptation d'une solitude humaine totale pour vivre finalement avec Marie. Saint Joseph, explique-nous combien il est important de ne pas rompre les liens affectifs et conjugaux dans l'épreuve. Aide-nous dans nos familles à triompher de toute solitude, de toute révolte, de tout divorce et de toute séparation.

Notre Père (1 fois)
Je vous salue Marie (1 fois)
Gloire au Père (1 fois)
Je te salue Joseph (1 fois)

Cinquième jour

Saint Joseph lumière dans nos nuits

Saint Joseph, tu as été dans l'inquiétude de ne pas offrir à ta famille un lieu pour la nativité et tu as reçu dans l'obéissance et dans la confiance le lieu de l'oubli total : la crèche. Au-delà de nos nuits et de nos pauvretés, saint Joseph, apprends-nous à accueillir l'Enfant-Jésus dans notre cœur.

Notre Père (1 fois)
Je vous salue Marie (1 fois)
Gloire au Père (1 fois)
Je te salue Joseph (1 fois)

Sixième jour

Saint Joseph protecteur dans la maladie

Saint Joseph, aide-nous à ne pas nous replier sur nous-même dans l'épreuve de la maladie ; encourage-nous à nous ouvrir à la seule volonté du Père sur le chemin des béatitudes. Nous te confions spécialement nos malades.

Notre Père (1 fois)
Je vous salue Marie (1 fois)
Gloire au Père (1 fois)
Je te salue Joseph (1 fois)

Septième jour

Saint Joseph protecteur de l'Église

Saint Joseph, gardien de l'Agneau, protecteur de la Sainte Famille, tu es devenu, par la grâce du Père, le gardien de l'Église. Enseigne-nous à aimer l'Église, à lui être toujours fidèle dans l'Eucharistie, dans la prière et par le témoignage de notre amour inconditionnel.

Notre Père (1 fois)
Je vous salue Marie (1 fois)
Gloire au Père (1 fois)
Je te salue Joseph (1 fois)

Huitième jour

Saint Joseph est au cœur de la communion fraternelle

Par l'union aux Coeurs de Jésus et de Marie, nous communions au coeur doux et juste de Joseph. Saint Joseph, apprend-nous à être amour et instrument de paix dans notre vie quotidienne pour tous ceux et celles qui attendent notre aides.

Notre Père (1 fois)
Je vous salue Marie (1 fois)
Gloire au Père (1 fois)
Je te salue Joseph (1 fois)

Neuvième jour

Saint Joseph patron de la bonne mort et des âmes du Purgatoire

Jésus, Marie, Joseph, priez pour nous et tous les membres de nos familles au moment de la mort. Nous vous confions spécialement tous ceux et celles qui nous sont chers, surtout nos défunts. Que le Seigneur les accueillent dans son paradis où tous ensemble ils jouissent de la béatitude éternelle.

Notre Père (1 fois)
Je vous salue Marie (1 fois)
Gloire au Père (1 fois)
Je te salue Joseph (1 fois)

Prière finale ▸

Prière finale

« *Tu lui donneras le nom de Jésus* » (Mt 1,22)

Seigneur Dieu, notre Père, combien je te remercie de nous avoir donné ce cadeau inestimable en ton Fils Jésus, homme et Dieu. Avec les Anges, avec Marie et Joseph, avec les bergers, je te bénis, je te loue, je t'adore, je te célèbre.
Envoie sur moi ton Esprit, afin de dire et de redire avec le cœur ce Nom qui est au-dessus de tout nom.
Par ce nom Tout-Puissant et rempli d'amour : dissipe mes ténèbres et fais de moi un enfant de lumière, lave-moi de mes fautes et donne-moi un cœur nouveau, guéris mes blessures afin d'aimer comme tu aimes, délivre-moi de mes angoisses et donne-moi ta paix. Essuie toute larme de mes yeux, que la joie de l'Esprit m'habite.
Donne-moi le don suprême de la Présence du Père.

Gloire et louange à toi, Seigneur Jésus !

Amen

- 2 -

Premier jour

Joseph icône du Père, ami des pauvres, veille sur nous.

« Or votre Père céleste sait que vous avez besoin de tout cela. Cherchez d'abord son Royaume et sa justice, et tout cela vous sera donné par surcroît. Ne vous inquiétez donc pas du lendemain : demain s'inquiétera de lui-même. À chaque jour suffit sa peine. » (Mt 6,32-34)

Saint Joseph, choisi pour élever et protéger le fils de Dieu, sois bienveillant à notre égard dans nos soucis matériels et spirituels. Et puisque tu as a veillé en tout sur les besoins de Jésus, nous remettons notre vie à ta prière paternelle.

Deuxième jour

Saint Joseph le Juste, protecteur des cœurs purs, rends nos cœurs doux et humbles.

« Or telle fut la genèse de Jésus-Christ. Marie, sa mère, était fiancée à Joseph : or, avant qu'ils eussent mené vie commune, elle se trouva enceinte par le fait de l'Esprit Saint. Joseph, son mari, qui était un homme juste et ne voulait pas la dénoncer publiquement. » (Mt 1,18-19)

Saint Joseph, obéissant parfaitement à la loi de Dieu, tu as voulu protéger la toute pure Vierge Marie. Protège aussi notre vie afin que nous ne tendions pas la main vers l'injustice mais que nous défendions toujours la vérité.

Troisième jour

Saint Joseph, homme des songes, gardien de la prière, apprends-nous à prier.

« Alors qu'il avait formé ce dessein, voici que l'Ange du Seigneur lui apparut en songe et lui dit : "Joseph, fils de David, ne crains pas de prendre chez toi Marie, ta femme : car ce qui a été engendré en elle vient de l'Esprit Saint." » (Mt 1,20)

Saint Joseph, ouvert à la voix des anges, apprends-nous à écouter et à observer les voies de Dieu. Donne-nous le goût de la prière et le désir de rester en la présence divine tout au long de nos journées.

Quatrième jour

Saint Joseph époux de Marie, serviteur des desseins de Dieu, aide-nous à faire la volonté du Père.

« *Une fois réveillé, Joseph fit comme l'Ange du Seigneur lui avait prescrit : il prit chez lui sa femme ; et il ne la connut pas jusqu'au jour où elle enfanta un fils, et il l'appela du nom de Jésus.* »
(Mt 1,24-25)

Saint Joseph, obéissant et fidèle, tu as donné le nom de Jésus au Verbe de Dieu. Console-nous dans nos épreuves, pacifie nous dans nos révoltes et apprends-nous à imiter Jésus en tout en renonçant à notre volonté propre.

Cinquième jour

Saint Joseph exilé en Égypte, protecteur de la famille, prie pour nos familles (humaine ou/et spirituelle).

« Voici que l'Ange du Seigneur apparaît en songe à Joseph et lui dit : "Lève-toi, prends avec toi l'enfant et sa mère, et fuis en Egypte ; et restes-y jusqu'à ce que je te dise. Car Hérode va rechercher l'enfant pour le faire périr." Il se leva, prit avec lui l'enfant et sa mère, de nuit, et se retira en Égypte... » (Mt 2,13-15)

Saint Joseph, doux et courageux, apprend-nous la dignité de la vie et de la famille quelle que soient leurs blessures. Donne-nous de rester unis dans la confiance mutuelle et le pardon.

Sixième jour

Saint Joseph à Nazareth, modèle du travailleur, aide-nous à tout offrir pour la construction du Royaume de Dieu.

« *D'où lui viennent cette sagesse et ces miracles ? Celui-là n'est-il pas le fils du charpentier ?* » (Mt 13,54-55)

Saint Joseph, en travaillant sous ton regard, Jésus a grandi en sagesse et en intelligence. Que notre travail nous aide à aimer le monde et à construire la civilisation de l'amour. Que nous soyons de vrais artisans de justice et de paix.

Septième jour

Saint Joseph offrant Jésus au Temple, protecteur de l'Église, défends-nous contre l'ennemi et fais-nous aimer et servir notre mère l'Église.

« *Ils emmenèrent (Jésus) à Jérusalem pour le présenter au Seigneur, selon qu'il est écrit dans la Loi du Seigneur : Tout garçon premier-né sera consacré au Seigneur, (...) et pour offrir en sacrifice un couple de tourterelles ou deux jeunes colombes.* » (Luc 2,22-24)

Saint Joseph, humble serviteur, prends sous ta protection le Pape, les évêques, les prêtres et tous les serviteurs de l'Évangile, partout dans le monde, afin que le don de leur vie porte du fruit aussi dans nos vies.

Huitième jour

Saint Joseph homme du silence, Maître de la vie intérieure, aide-nous à être des êtres profonds et généreux.

« Fais silence et écoute, Israël. Aujourd'hui tu es devenu un peuple pour le Seigneur ton Dieu. Tu écouteras la voix du Seigneur ton Dieu, et tu mettras en pratique les commandements et les lois que je te prescris aujourd'hui. » (Dt 27,9-10)
« Il y a un silence qui dénote l'homme sensé. » (Si 20,1)

Saint Joseph, modèle de l'homme intègre, protège-nous contre les bruits et les futilités d'un monde oisif et capricieux. Apprends-nous à retrouver le silence et la paix de notre cœur afin de nourrir les désirs les plus nobles et les plus beaux.

Neuvième jour

Saint Joseph à la recherche de Jésus à Jérusalem, cœur paternel et miséricordieux, viens au secours de toutes les brebis perdues.

« À sa vue, ils furent saisis d'émotion, et sa mère lui dit : "Mon enfant, pourquoi nous as-tu fait cela ? Vois ! Ton père et moi, nous te cherchons, angoissés." Et il leur dit : 'Pourquoi donc me cherchiez-vous ? Ne saviez-vous pas que je dois être dans la maison de mon Père"? » (Luc 2,48-49)

Saint Joseph, vois la misère de tant d'hommes et de femmes qui fuient devant un Dieu si miséricordieux. Aide-nous à comprendre la folie de la croix qui est sagesse de Dieu et confie-nous au cœur de Jésus, ouvert pour nous sur la croix, source de toute guérison et de toute réconciliation.

CHRISTIC

LITANIES

- 1 -

Seigneur, ayez pitié de nous.

Jésus-Christ, ayez pitié de nous.

Seigneur, ayez pitié de nous.

Jésus-Christ, écoutez-nous.

Jésus-Christ, exaucez-nous.

Père céleste, qui êtes Dieu, ayez pitié de nous.

Fils Rédempteur du monde, qui êtes Dieu, ayez pitié de nous.

Esprit Saint, qui êtes Dieu, ayez pitié de nous.

Trinité sainte, qui êtes un seul Dieu, ayez pitié de nous.

Saint Joseph, le plus illustre des Patriarches, priez pour nous.
Saint Joseph, père nourricier de l'Enfant Jésus,
Saint Joseph, honoré de la présence du Verbe incarné,
Saint Joseph, conducteur de la Sainte Famille,
Saint Joseph, imitateur fidèle de Jésus et de Marie,

Saint Joseph, comblé des dons de l'Esprit Saint,
Saint Joseph, émulateur de la pureté des Anges,
Saint Joseph, modèle d'humilité et de patience,
Saint Joseph, image parfaite de la vie intérieure,
Saint Joseph, ministre des volontés du Très-Haut,
Saint Joseph, l'époux de la plus pure des Vierges,
Saint Joseph, vous avez porté dans vos bras le Fils de l'Éternel,
Saint Joseph, vous avez partagé l'exil de Jésus et de Marie en Égypte,
Saint Joseph, vous avez eu la joie de retrouver Jésus dans le temple,
Saint Joseph, à qui le Roi de gloire et la Reine des cieux voulurent être soumis,
Saint Joseph, vous avez été admis à contempler la profondeur des conseils divins,
Saint Joseph, vous avez eu le bonheur d'expirer entre les bras de Jésus et de Marie,
Saint Joseph, le canal par où découlent sur nous les faveurs du ciel,
Saint Joseph, soutien puissant de l'Église de Jésus-Christ,
Saint Joseph, notre protecteur à l'heure de notre mort,

Agneau de Dieu, qui effacez les péchés du monde, ayez pitié de nous Seigneur.

Agneau de Dieu, qui effacez les péchés du monde, ayez pitié de nous Seigneur.
Agneau de Dieu, qui effacez les péchés du monde, ayez pitié de nous Seigneur.

Jésus-Christ, écoutez-nous.
Jésus-Christ, exaucez-nous.

Priez pour nous, ô bienheureux Joseph, afin que nous soyons dignes des promesses de Jésus-Christ.

Prions

Dieu des miséricordes, qui avez élevé le bienheureux Joseph à la gloire d'être le tuteur de votre divin Fils et l'époux de la Très Sainte Vierge, accordez-nous, par l'intercession de ce grand saint, la grâce de conserver nos cœurs sans tache ; afin que nous puissions paraître un jour devant vous, revêtus de la robe d'innocence, et être admis au banquet céleste.

Nous vous demandons ces grâces par Jésus-Christ Notre Seigneur.

Amen

- 2 -

Seigneur, ayez pitié de nous.

Jésus-Christ, ayez pitié de nous.

Seigneur, ayez pitié de nous.

Jésus-Christ, écoutez-nous.

Jésus-Christ, exaucez-nous.

Père céleste qui êtes Dieu, ayez pitié de nous.

Fils rédempteur du monde qui êtes Dieu, ayez pitié de nous.

Esprit-Saint qui êtes Dieu, ayez pitié de nous.

Trinité sainte qui êtes un seul Dieu, ayez pitié de nous.

Sainte Marie, Reine de tout le monde, priez pour nous.

Saint Joseph, époux de la Vierge Marie, priez pour nous.

Saint Joseph qui avez été justifié avant votre naissance, priez pour nous.

Saint Joseph qui avez été exempt du péché mortel, priez pour nous.

Saint Joseph qui avez été affermi en grâce, priez pour nous.

Saint Joseph, le sommet des Patriarches, priez pour nous.

Saint Joseph qui avez été choisi entre tous pour être l'époux de la sainte Vierge, priez pour nous.

Saint Joseph qui avez été comblé de bénédictions ineffables, priez pour nous.

Saint Joseph que la Reine du ciel a servi, priez pour nous.

Saint Joseph qui avez été appelé père de Jésus-Christ, priez pour nous.

Saint Joseph, tuteur zélé de Jésus-Christ, priez pour nous.

Saint Joseph, nourricier très fidèle de Jésus-Christ, priez pour nous.

Saint Joseph qui le premier après la sainte Vierge avez adoré Jésus-Christ, priez pour nous.

Saint Joseph qui avez garanti Jésus-Christ de la cruauté d'Hérode, priez pour nous.

Saint joseph qui n'avez point voulu déshonorer la sainte Vierge, priez pour nous.

Saint Joseph qui avez été très cher à Jésus-Christ et à sa Mère, priez pour nous.

Saint Joseph qui avez été rempli en abondance des dons du Saint-Esprit, priez pour nous.

Saint Joseph, homme angélique, priez pour nous.
Saint Joseph qui, selon l'avis de l'Ange avez pris soin de conserver Jésus-Christ, priez pour nous.
Saint Joseph qui avez porté comme un Ange les ordres de Dieu, priez pour nous.
Saint Joseph qui, comme une des Principautés célestes, avez conduit Jésus-Christ, l'Ange du grand conseil, priez pour nous.
Saint Joseph qui, comme les Vertus célestes, avez servi Jésus-Christ, priez pour nous.
Saint Joseph, plus grand que les Dominations, qui avez été servi par le Roi et par la Reine du ciel, priez pour nous.
Saint Joseph, entre les bras et sur le sein duquel Jésus-Christ s'est reposé comme sur un trône, priez pour nous.
Saint Joseph qui, comme un Chérubin du paradis, avez eu la garde de la Sainte Vierge, priez pour nous.
Saint Joseph, homme séraphique, priez pour nous.
Saint Joseph, très sublime contemplatif, priez pour nous.
Saint Joseph qui avez expiré entre les bras de Jésus-Christ, priez pour nous.

Saint Joseph qui avez entendu les concerts des Anges, priez pour nous.
Saint Joseph qui avez été le précurseur de Jésus-Christ aux limbes, priez pour nous.
Saint Joseph qui êtes ressuscité avec Jésus-Christ comme les autres patriarches, priez pour nous.
Saint Joseph jouissant d'une manière toute particulière de la gloire du ciel, priez pour nous.
Saint Joseph, notre cher protecteur et défenseur, priez pour nous.

Par la Passion de votre cher Fils, Seigneur, exaucez votre peuple.
Par la virginité de la bien-aimée Mère de votre Fils, Seigneur, sauvez votre peuple.
Par la fidélité de saint Joseph, Seigneur protégez votre peuple.

Agneau de Dieu, qui effacez les péchés du monde, exaucez-nous Seigneur.
Agneau de Dieu, qui effacez les péchés du monde, exaucez-nous Seigneur.
Agneau de Dieu, qui effacez les péchés du monde, exaucez-nous Seigneur.

Seigneur, ayez pitié de nous.
Jésus-Christ, ayez pitié de nous.
Seigneur, ayez pitié de nous.

V. Priez pour nous, bienheureux saint Joseph.
R. Afin que nous devenions dignes des promesses de Jésus-Christ.

Prions :

Dieu tout puissant et miséricordieux, qui avez choisi Joseph, fils de David, pour être l'époux de la bienheureuse Vierge Marie votre Mère, et votre nourricier, faites, s'il vous plaît, que, par ses prières et par son intercession, votre Église jouisse d'une profonde paix, et parvienne à la joie de votre présence éternelle. Ô Dieu qui vivez et régnez dans tous les siècles des siècles.

Ainsi soit-il !

CHRIST IC

EN COMPLÉMENT

Le chapelet de saint Joseph

Le chapelet de saint Joseph est composé d'une médaille de saint Joseph accrochée au crucifix, et de 60 grains de deux couleurs différentes : les petits grains, regroupés par groupe de trois, sont violet, en symbole de sa Sainte et Grande Piété, et les gros grains, séparant chaque triplet, sont blancs, en symbole de la pureté de saint Joseph.

1 – Sur la médaille on fait le signe de la Croix :
« *Au nom du Père, du Fils et du Saint Esprit.* »

2 – Sur les gros grains, on récite la prière suivante :
« Saint Joseph, gardien de la Sainte Famille, bénissez nos familles, vous dont les mains furent assez douces pour entourer le corps de l'Enfant Dieu ; le regard assez perçant pour

déceler l'œuvre de Dieu ; le cœur assez ingénieux pour mettre Jésus-Christ à l'abri du méchant ; saint Joseph, entourez chacun des membres du Peuple de Dieu de la même tendresse.

Écartez les dangers qui menacent la terre, et tous ses habitants.

Élargissez le cœur de toutes les créatures de Dieu dans chaque pays du monde.

Que l'Esprit modèle notre personne.

Que Dieu Trinité soit présent en chacune de nos vies, comme une sève vivifiante.

Ainsi nous travaillerons, nous agirons comme vous l'avez fait, pour que le Règne de Dieu vienne, que sa volonté soit faite sur la terre comme au ciel.

AMEN. »

3 – Sur les petits grains, on récite l'invocation suivante :

« Saint Joseph, priez pour nous,
saint Joseph, écoutez-nous. »

4 – On termine le chapelet sur le crucifix et la médaille de saint Joseph par les invocations suivantes :

« Jésus, Marie, Joseph, je vous donne mon cœur et mon âme.
Jésus, Marie, Joseph, assistez-moi maintenant et à l'heure de ma dernière agonie.
Jésus, Marie, Joseph, que mon âme soit en paix avec Vous.

Amen. »

On peut également réciter le « *Je vous salue Joseph* » :

« Je vous salue Joseph, vous que la grâce divine a comblé ; le Sauveur a reposé dans vos bras et grandi sous vos yeux ; vous êtes béni entre tous les hommes et Jésus, l'Enfant divin de votre virginale épouse est béni.
Saint Joseph, donné pour père au Fils de Dieu, priez pour nous dans nos soucis de famille, de santé et de travail, jusqu'à nos derniers jours et daignez nous secourir à l'heure de notre mort.

Amen. »

Saint Joseph

Le Cantique à saint Joseph de Sainte Thérèse d'Avila
dans sa solitude monacale

Joseph, votre admirable vie
Se passa dans l'humilité ;
Mais, de Jésus et de Marie,
Vous contempliez la beauté !

Joseph, ô tendre Père,
Protégez le Carmel !
Que vos enfants, sur cette terre,
Goûtent déjà la paix du ciel.

Le Fils de Dieu, dans son enfance,
Plus d'une fois, avec bonheur,
Soumis à votre obéissance,
S'est reposé sur votre cœur !

Comme vous, dans la solitude,
Nous servons Marie et Jésus ;
Leur plaire est notre seule étude ;
Nous ne désirons rien de plus.

Sainte Thérèse, notre Mère,
En vous se confiait toujours ;
Elle assure que sa prière,
Vous l'exauciez d'un prompt secours.

Quand l'épreuve sera finie,
Nous en avons le doux espoir
Près de la divine Marie,
Saint Joseph, nous irons vous voir.

Bénissez, tendre Père,
Notre petit Carmel ;
Après l'exil de cette terre
Réunissez-nous dans le ciel.

Supplique à saint Joseph contre le désespoir

1. Saint Joseph, priez Jésus de descendre en mon âme pour la sanctifier.
2. Saint Joseph, priez Jésus de descendre en mon cœur pour l'embraser de charité.
3. Saint Joseph, priez Jésus de descendre en mon intelligence pour l'éclairer.
4. Saint Joseph, priez Jésus de descendre en ma volonté pour la fortifier.
5. Saint Joseph, priez Jésus de descendre dans mes pensées pour les purifier.
6. Saint Joseph, priez Jésus de descendre dans mes aspirations pour les diriger.
7. Saint Joseph, priez Jésus de descendre dans mes actions pour les bénir.
8. Saint Joseph, obtenez-moi de Jésus de L'aimer saintement.
9. Saint Joseph, obtenez-moi de Jésus d'imiter vos vertus.

10. Saint Joseph, obtenez-moi de Jésus la véritable humilité d'esprit.
11. Saint Joseph, obtenez-moi de Jésus la douceur du cœur.
12. Saint Joseph, obtenez-moi de Jésus la paix de l'âme.
13. Saint Joseph, obtenez-moi de Jésus le désir de la perfection.
14. Saint Joseph, obtenez-moi de Jésus l'égalité d'humeur.
15. Saint Joseph, obtenez-moi de Jésus un cœur pur et charitable.
16. Saint Joseph, obtenez-moi de Jésus l'amour de la souffrance.
17. Saint Joseph, obtenez-moi de Jésus la science de la vie éternelle.
18. Saint Joseph, obtenez-moi de Jésus la persévérance dans le bien.
19. Saint Joseph, obtenez-moi de Jésus le courage de supporter les croix.
20. Saint Joseph, obtenez-moi de Jésus le détachement des biens de ce monde.
21. Saint Joseph, obtenez-moi de Jésus de garder le droit chemin du Ciel.
22. Saint Joseph, obtenez-moi de Jésus d'être préservé de toute occasion de péché.

23. Saint Joseph, obtenez-moi de Jésus un saint désir du Paradis.
24. Saint Joseph, obtenez-moi de Jésus la persévérance finale.
25. Saint Joseph, faites que mon cœur ne cesse de vous aimer, et ma langue de vous louer.
26. Saint Joseph, par l'amour que vous avez eu pour Jésus, aidez-moi à L'aimer.
27. Saint Joseph, daignez m'accepter à votre service.
28. Saint Joseph, je m'offre à vous: recevez-moi et secourez moi.
29. Saint Joseph, ne m'abandonnez pas à l'heure de ma mort.
30. Saint Joseph, je vous donne mon cœur et mon âme.

Gloire au Père (1 fois)

La prière à saint Joseph par le pape François

Le Saint-Père a partagé une prière à saint Joseph pour que nous puissions nous tourner vers lui.

Saint Joseph,
toi qui toujours as fait confiance à Dieu, et as fait tes choix guidé par sa providence apprends-nous à ne pas tant compter sur nos projets mais sur son dessein d'amour.
Toi qui viens des périphéries aides-nous à convertir notre regard et à préférer ce que le monde rejette et marginalise. Réconforte ceux qui se sentent seuls et soutiens ceux qui travaillent en silence pour défendre la vie et la dignité humaine.

Amen

L'Oratoire Saint-Joseph à Montréal

Les plus beaux sanctuaires de France consacrés à saint Joseph

Le plus célèbre des sanctuaires de France reste celui de *Saint-Joseph du Bessillon*, à Cotignac, dans le Var. Ici, saint Joseph serait apparu, le 7 juin 1660, à un berger qui mourrait de soif. Il s'agit de l'une des quatre apparitions de saint Joseph reconnues officiellement par l'Église. Depuis, de nombreux pèlerins et des familles viennent en procession retrouver un souffle nouveau en recevant des grâces, sources de joie et de fécondité.

Il y a également le sanctuaire *Saint-Joseph de Mont-Rouge*, à Puimisson, près de Béziers. Ce lieu de pèlerinage entouré d'un grand parc de 8 hectares, accueille chaque année plus de 20 000 visiteurs. C'est également le plus important de toute la France.

Puis le monastère *Saint-Joseph de Mont-Luzin*, situé à Chasselay, près de Lyon. Les moines et moniales y accueillent ceux qui désirent prendre du temps auprès du Seigneur. Leur vocation est de prier et d'œuvrer pour les familles.

Enfin, au porte du Puy-en-Velay, dans la vallée de la Borne, à Espaly, se trouve le sanctuaire *Saint-Joseph-de-Bon-Espoir*. On y découvre une statue monumentale de saint Joseph, une grotte chapelle construite en 1850 en pierre volcanique ainsi qu'une basilique au sein de laquelle figure des fresques représentant des scènes de l'évangile avec saint Joseph. Des pèlerinages s'y déroulent les 19 mars et 1ᵉʳ mai.

Au Canada

L'oratoire Saint-Joseph à Montréal est le lieu de pèlerinage dédié à saint Joseph le plus important dans le monde, il a été fondé par le frère André. Sa construction fut achevée 30 ans après sa mort, en 1967.

Ce lieu saint est constitué d'une majestueuse basilique dont le dôme atteint 97 mètres et qui peut accueillir 2 000 fidèles, de la petite chapelle des origines, d'une chapelle votive et d'une crypte.

Nous ne pouvions pas terminer cet ouvrage sans également célébrer Marie.

À LA SAINTE VIERGE MARIE CONTRE LE DANGER, LES ENNEMIS ET CEUX QUI NOUS VEULENT DU MAL

Sainte Vierge Marie, vous êtes ma Mère et je suis votre enfant, c'est donc tout naturellement vers vous que je tourne mes regards, c'est en vous que je me réfugie, c'est sur votre cœur que je viens m'abriter.

Je connais votre tendresse maternelle, et je me suis habitué à recourir à vous, sûr de toujours être secouru. Sans vous, que deviendrais-je, lorsque je me vois entouré de tant de dangers pour le salut de mon âme et de tant d'obstacles pour pratiquer les vertus de mon état ?

Si vous n'étiez à mes côtés, ô tendre Mère, si vos sollicitudes pour mon âme ne vous tenaient toujours attentive à mes besoins.

Si vous n'étiez toujours prête à me défendre contre mes ennemis et si vous ne m'avertissiez sans cesse de me méfier de moi-même j'aurais bien des raisons de craindre et de trembler.

Votre bonté maternelle est grande et je mets chaque jour ma confiance en vous.
Lorsque je marche paisiblement sans me soucier du danger le monde me guette pour me dresser des pièges ou pour me tenter il me faut alors un secours pressant et c'est vous, Sainte Vierge Marie, qui veillez et donnez l'alarme

Oh sainte Vierge ! Merci de m'aimer ainsi et de me protéger. Il est des heures où la lutte est plus difficile et le danger plus grave quand la tentation a persisté et comme élu domicile en moi.

Il faut alors un courage plus grand pour combattre et un amour plus ardent pour résister et c'est vous, ô Vierge Marie, ma libératrice, qui prenez en mains la direction de la bataille et qui secondée par ma bonne volonté, me conduisez à la victoire. Comment vous remercier assez de m'avoir tant de fois sauvé !

Sainte Marie, daignez me préserver de tout danger et soyez bénie à jamais. AMEN.

Notre Père

Notre Père, qui es aux cieux,
que Ton Nom soit sanctifié,
que ton Règne vienne,
que Ta volonté soit faite sur la terre
comme au ciel.
Donne-nous aujourd'hui notre pain quotidien, pardonne-nous nos offenses comme nous pardonnons aussi à ceux qui nous ont offensés, et ne nous laisse pas entrer en tentation, mais délivre-nous du mal.

Amen.

Je vous salue Marie

Je vous salue Marie,
pleine de grâces,
le Seigneur est avec Vous ;
Vous êtes bénie entre toutes les femmes,
et Jésus, le fruit de vos entrailles, est béni.
Sainte Marie, Mère de Dieu,
priez pour nous, pauvres pécheurs,
maintenant et à l'heure de notre mort.

Amen.

Je crois en Dieu

Je crois en Dieu,
le Père Tout-Puissant,
Créateur du ciel et de la terre
et en Jésus-Christ
Son Fils unique,
Notre Seigneur ;
qui a été conçu du Saint-Esprit,
est né de la Vierge Marie ;
a souffert sous Ponce Pilate,
a été crucifié, est mort,
et a été enseveli ;
est descendu aux enfers
le troisième jour est ressuscité des morts ;
est monté aux cieux,
est assis à la droite de Dieu
le Père Tout-Puissant ;
d'où Il viendra juger
les vivants et les morts.
Je crois au Saint-Esprit,
à la sainte Église Catholique,
à la communion des Saints,
à la rémission des péchés,
à la résurrection de la chair,
à la vie éternelle.

Amen.

Gloire au Père

Gloire au Père et au Fils
et au Saint-Esprit.
Comme il était au commencement,
maintenant et toujours,
et dans les siècles des siècles.

Amen.

Table des matières

Biographie de saint Joseph 5
Prières..................13
Neuvaines 1..................53
Neuvaines 2..................67
Litanies 1..................77
Litanies 2..................83
En complément 89
  Le chapelet de saint Joseph 91
  Le cantique à saint Joseph
  de sainte Thérèse d'Avila..................94
  Supplique à saint Joseph
  contre le désespoir..................96
  Les sanctuaires 101
  À la Sainte Vierge Marie..................103
  Notre Père, Je vous salue Marie..................105